mon carnet

Publié sous la direction de
Delphine Mozin Santucci

© Flammarion, 2017
ISBN : 978-2-0814-1818-9

ÉRIC CANTONA

mon carnet

Flammarion

— Bonjour M. Magritte.
— Je ne suis pas M. Magritte.
— Pardon M. Dubuffet.
— Je ne suis pas M. Dubuffet.
— Bon ok de ces fiches on s'en fiche M. Gilbert Garcin.
— Si vous continuez je vous étrangle M. Raton.
— Ah je ne suis pas M. Raton cette fois c'est vous qui vous gourez.
— Je ne me goure pas du tout j'ai rendez-vous avec M. Raton alors si vous n'êtes pas M. Raton vous dégagez j'en ai assez de vous.
— Je suis M. Savate et j'ai rendez-vous avec… Oui ça y est avec M. Planta, pourquoi vous ai-je pris pour Magritte Dubuffet ou bien Garcin ?
— Je ne suis pas M. Planta, vous vous êtes planté alors dégagez ou je vous fous ma savate au cul.
— Je pars je pars mais je suis embarrassé de vous laisser seul. Vous n'allez pas vous ennuyer ?
— J'ai mon carnet.
— Carnet de ?..
— J'ai mon carnet vous avez votre téléphone, allez envoyer des textos comme si vous étiez très occupé moi j'ai aussi mon petit feutre et je veux dessiner.
— Vous dessinez quoi ?
— Je dessine, j'observe le monde ce que je vois ce que j'entends et je m'amuse.
— C'est bien…
— Oui c'est bien… J'occupe mon temps à occuper l'espace.
— C'est bien prétentieux !

— L'espace d'un instant j'entrouvre des portes qui ne sont peut-être pas des portes.
— Ah!..?
— Si ce ne sont pas des portes ce sera aux autres de les ouvrir.
— Quoi?
— Les portes que l'on voie et puis celles qu'on imagine.
— Oui vous êtes marrant vous! Le dernier mur que j'ai pris j'avais dix ans. Regardez mon menton!
— Les murs que l'on imagine tout ce que l'on ne voie pas tout ce que l'on n'entend pas, tout ce qui ne nous écoute pas, c'est là dans ce carnet.
— Comédie comme on dit.
— Comme on dit comme Eddy la mouche je pique je touche.
— Que de la bouche!
— Rien ne bouge. C'est juste un rien un petit peu de moi et puis s'en va faire un tour. Je suis donc je panse. J'ai dans la tête des milliers de vous. Et moi et moi et moi… Je rêve. J'avance un sourire aux lèvres. Et pendu à vos genoux je vis debout. Je prends le temps par les deux bouts parce qu'au milieu il y a un océan déchaîné qui me fait la cour.
— Je comprends. Vous avez raison je vais partir. J'ai peur je pars je mords l'invisibible.
— Vous voilà enfin armé cher M. Savate. Un carnet un crayon un feutre ce que vous voulez et vous voilà démuni monsieur. Les amis les fantômes sont sous votre nez. Mettez-y des mots M. Savate et des formes, il faut que je file.
— Au revoir M. Cantona.
— Je préfère j'avais en fait rendez-vous avec moi-même.

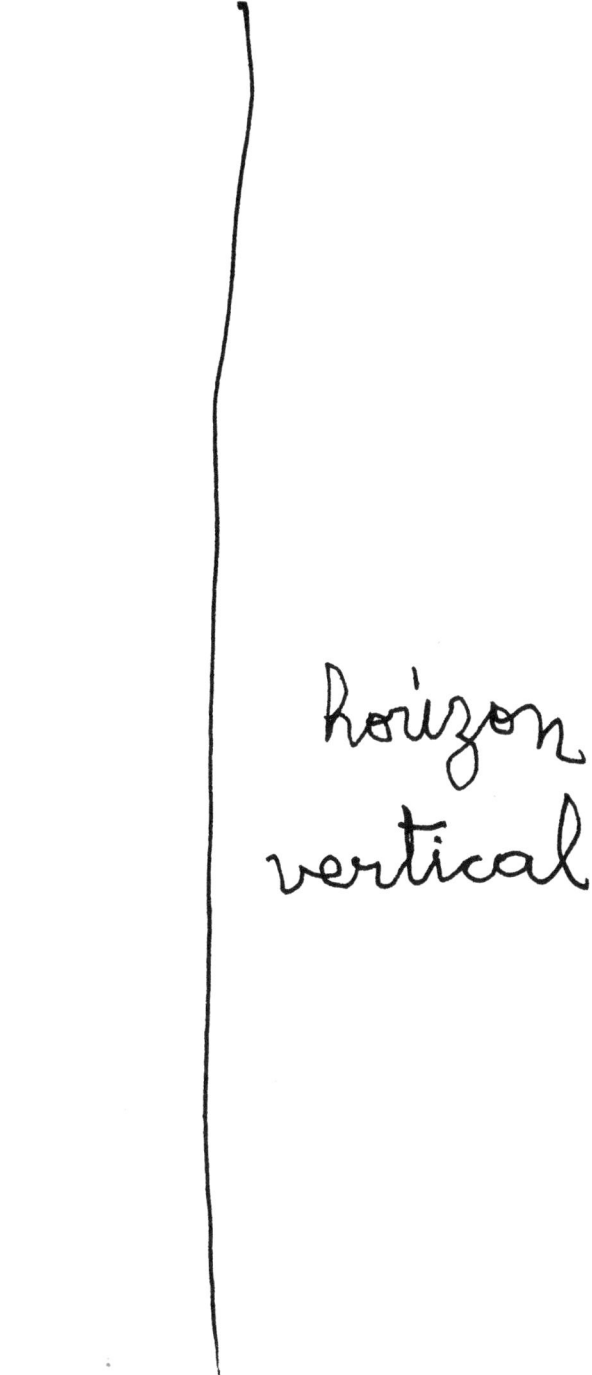

horizon
vertical

Le paradis a des rondeurs

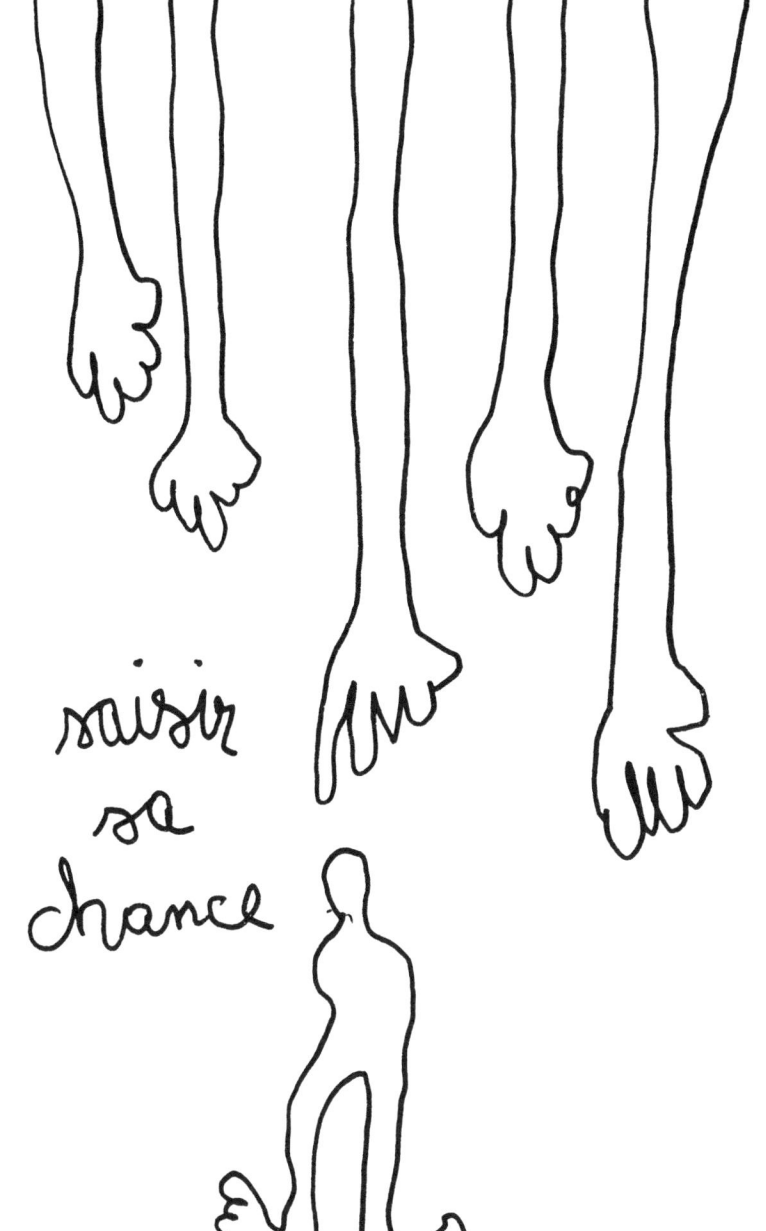

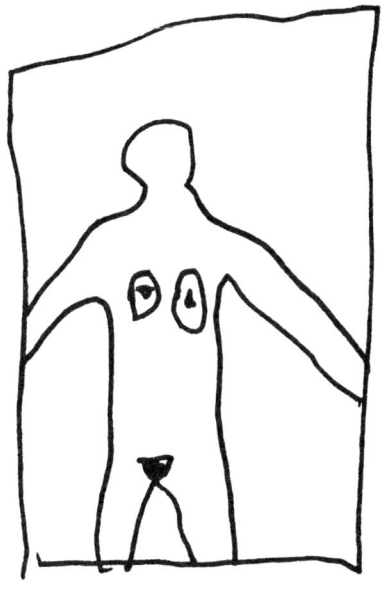

vue sur mère

un point
c'est tout

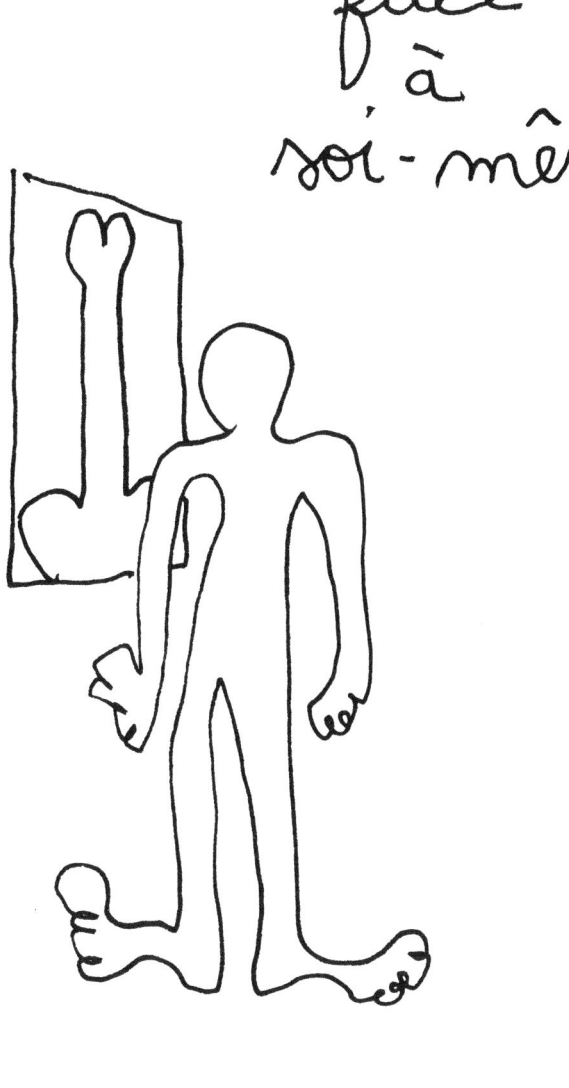

face à soi-même

AUX
NOMS
DES PAIRES
DES FILS
DES
SIMPLES
D'ESPRIT
EMMENE

MOI

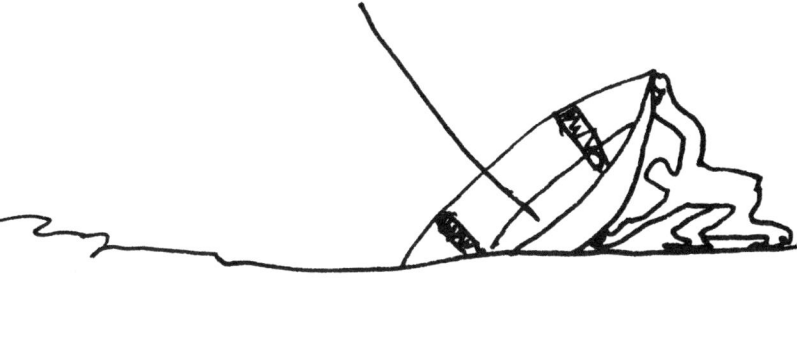

bateau ivre
à marée basse

et toi le
ciel
si elle
est
l'étoile

les maux

pendu à ses lèvres

24.05.1966

un
moi
deux
mois

la mort
a
l'échelle
de la
vie

⊥ O I ⊥

les thés
sont renversés
la maison
est ouverte

courage !

si tout n'est pas carré je tourne en rond

de cause
à
effet

prix en flagrant délit

le bonbon et le malmal

$$? + ! = †$$
$$? + † = !$$
$$! + † = ?$$
$$\overline{}$$
$$?$$

regardez
bien cet
homme

frontières

E))((E

cuse
se sont
brulés les ailes

rien
à cacher
juste le
cul qui
gratte

temps
orageux

rêve
de
plaisanterie

les peaux
mortes
des géants
et le
sous marin
du pauvre

POINT GRÈVE DU TRAVAIL

l'égo

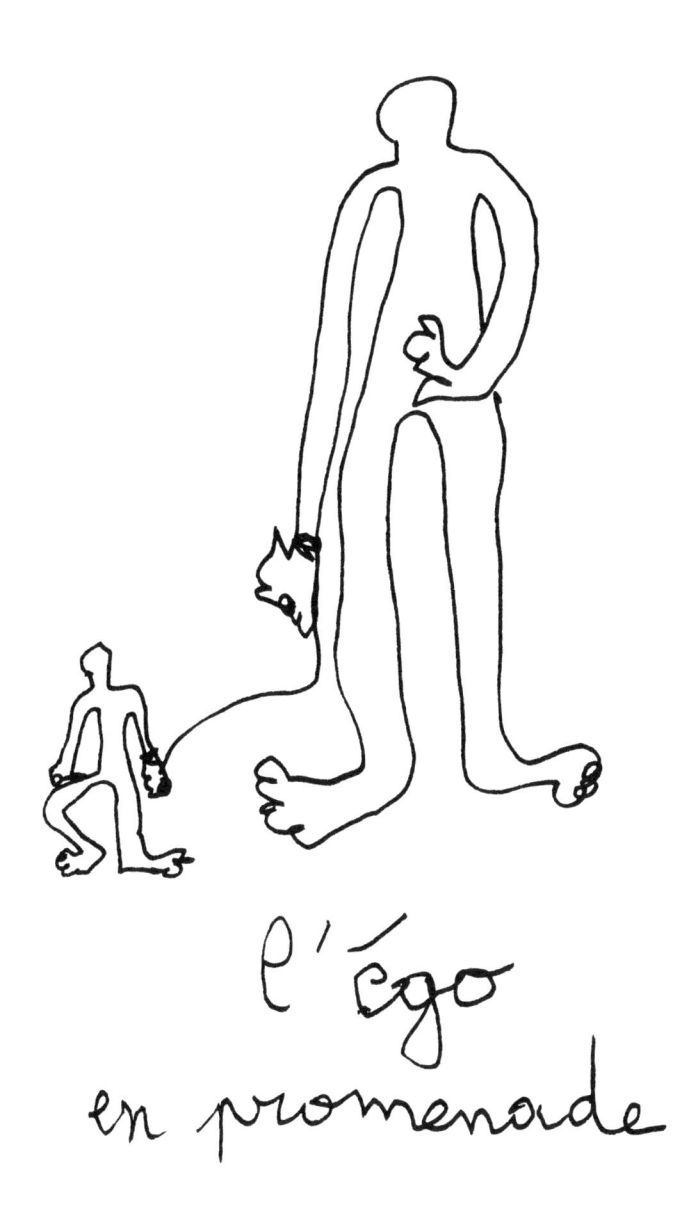

en promenade

cœur
de cible

à l'horizon
tout va bien

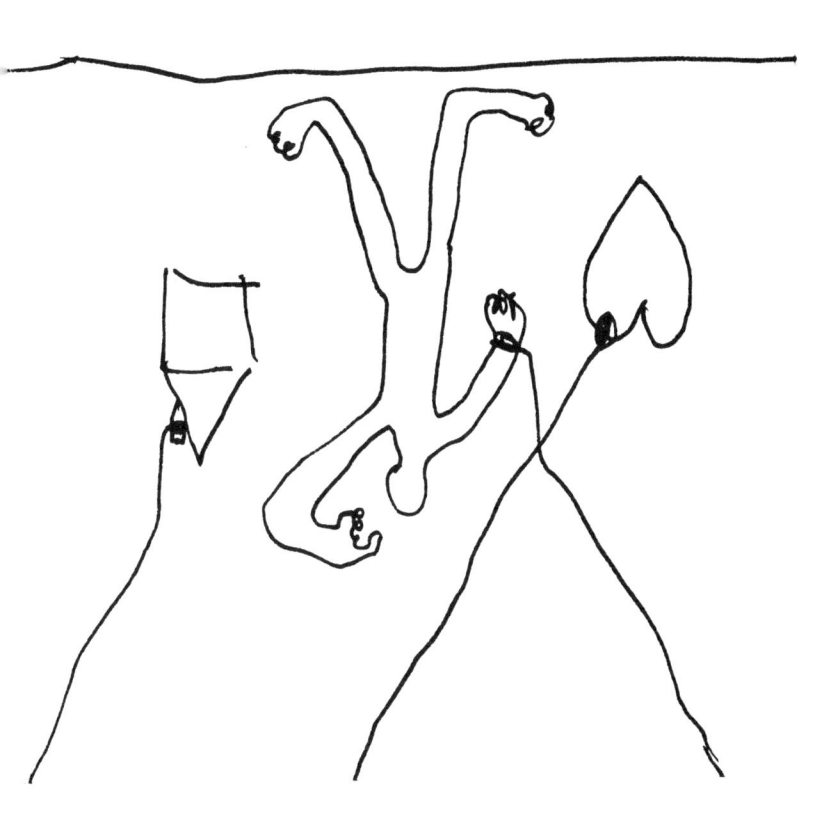

les maux justes

- ?
- famille
- amis
- amour
- beauté

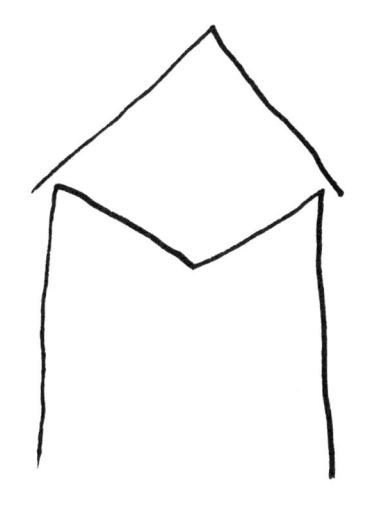

toi
et moi

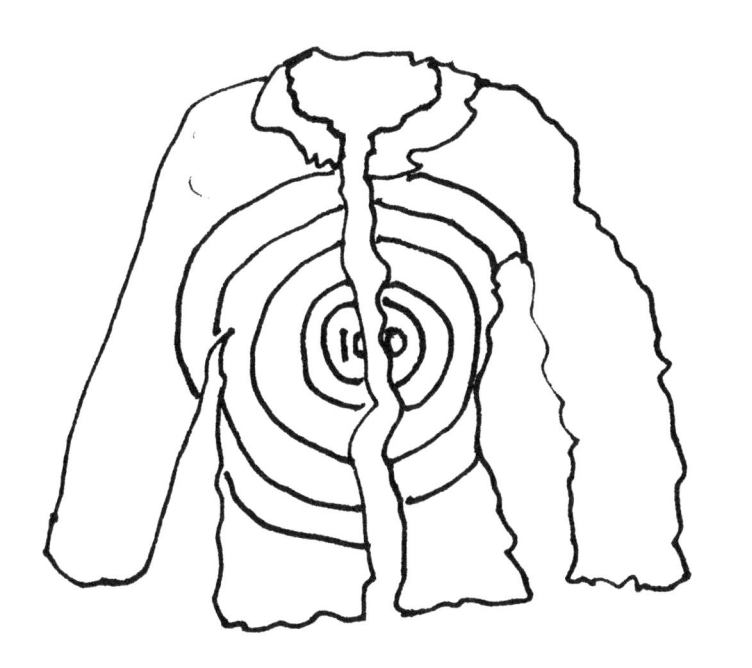

manteau de vizon

l'arbre
généaillogique

le cri

la crise

les soeurs
aiment
les bras
longs

RÉVOLVER

l'homme qui préférait les arbres

celle qui préférait les arbres aux champignons

pour un
verre à moitié
vide

sage ou passage? pas sage

à l'ombre
de
la
main
de
dieu

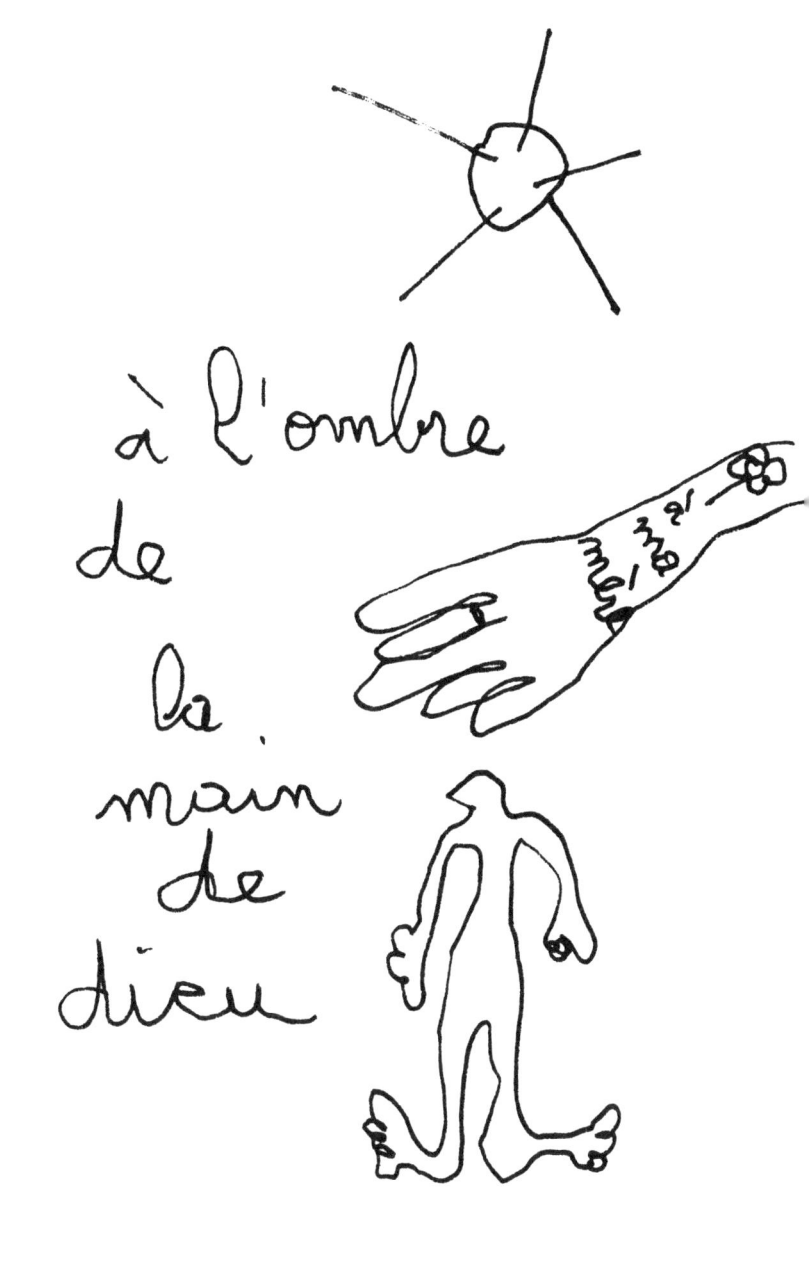

réparation

l'amour
20 ans ragés
40 ans lacés
60 ans lassés
80 ans potés
100 ans toilés
1000 années
lumière

que le
son

two bites
or not
to be

2 7 4 3 1 g 8 7 2 4 3 6 7

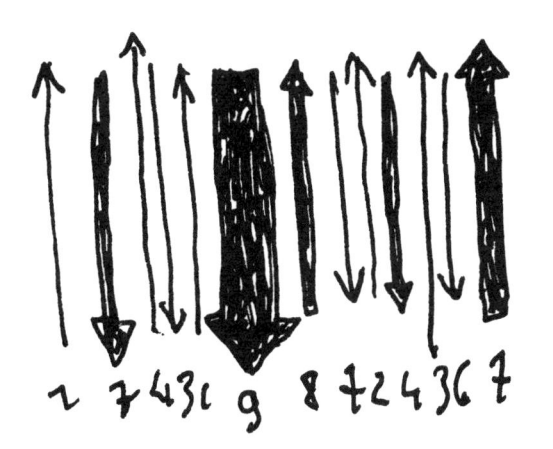

UP
AND
DOWN
END
UP

quartier
résidentiel

quand
je serai
grand
je serai
menteur

j'ai su
marcher sur
l'eau

si j'étais toi je serais gris

Alchooliques
à vos marques !
ça commence
parti
ça finit par
arriver

TITUBER

Retour du paradis

sortie interdite

d'une pierre

deux couilles

facteur chance

plus
rapide
que
son
ombre

un escalier à épouser

de peur qu'elle ne tombe

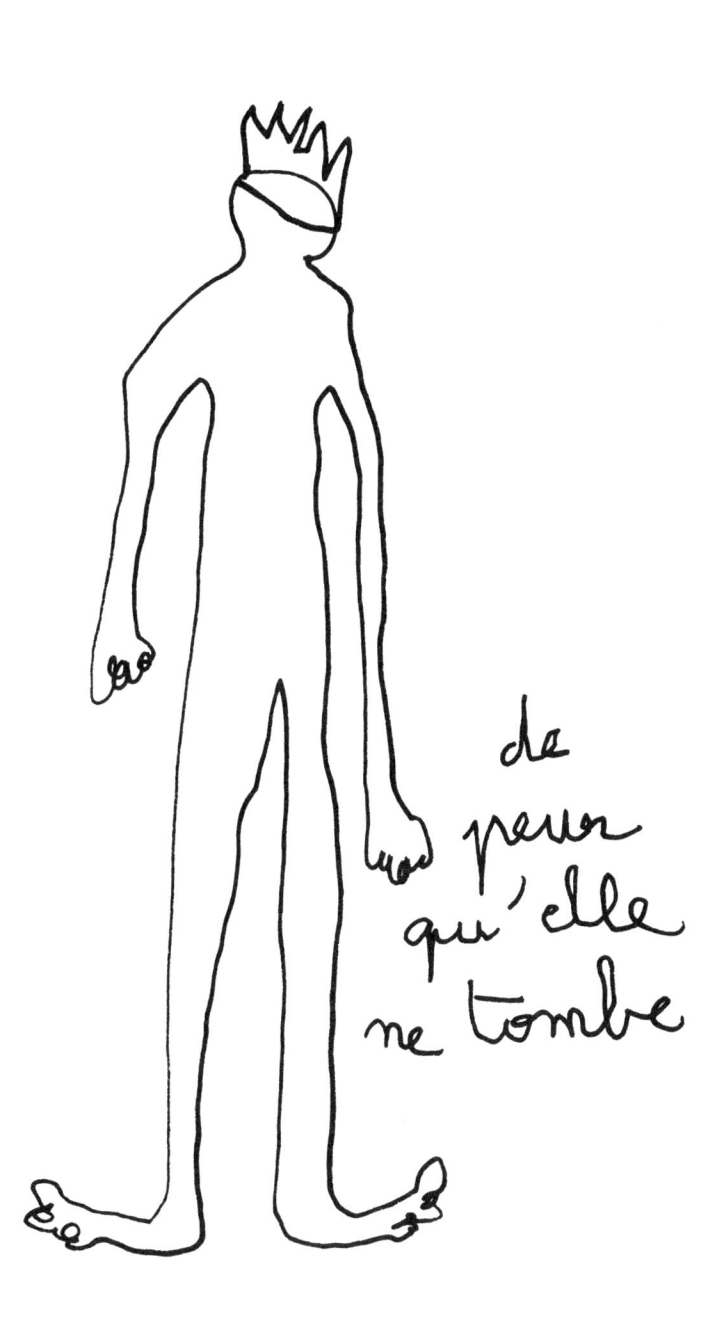

expression de la tragédie

la source
du village

L'AMOUR

l'ame
ou
r'ien

neige
noire

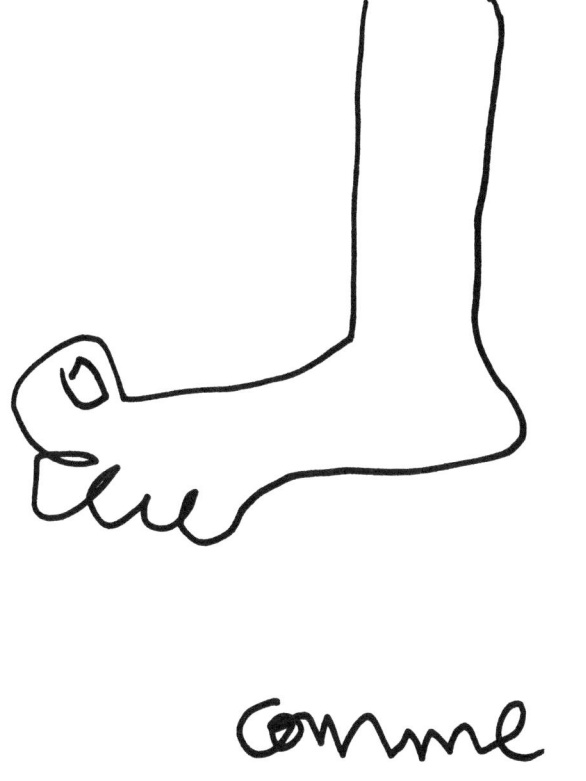

comme un pied

Libre

queue l'amour

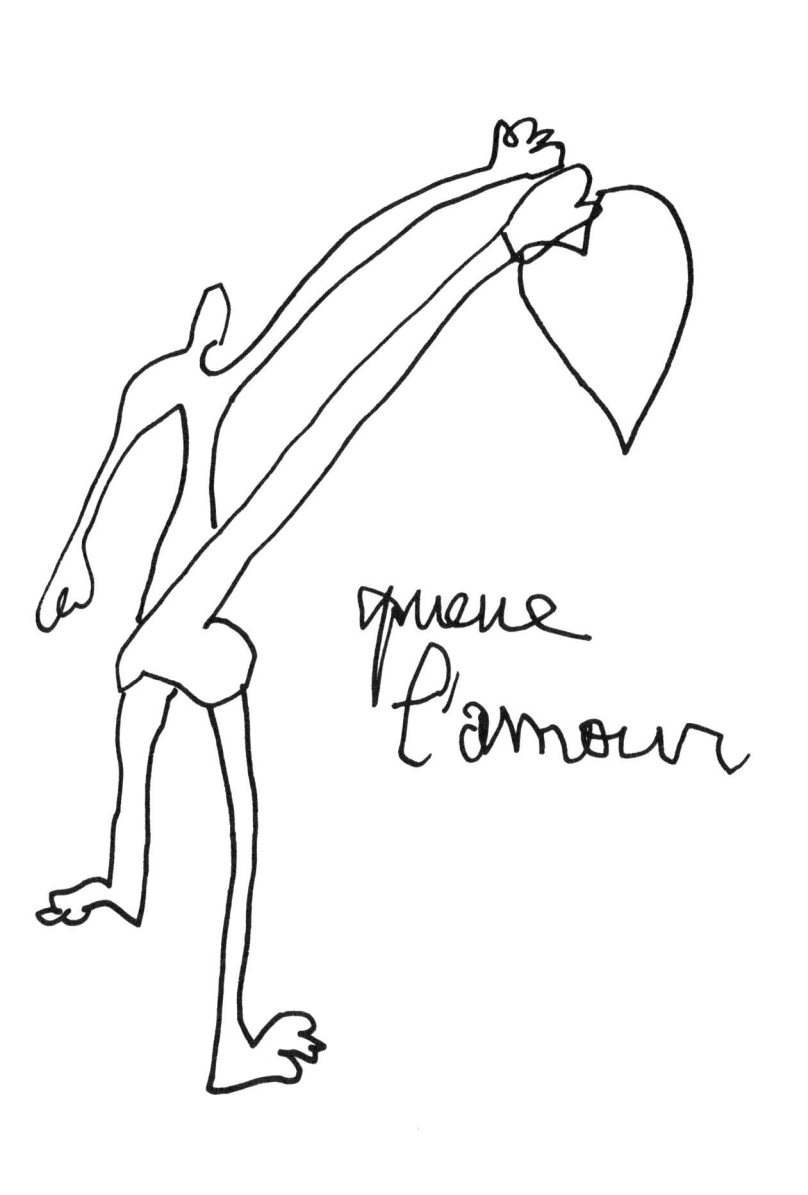

jalousie

sans abri

dieu est vivant

don
de soi

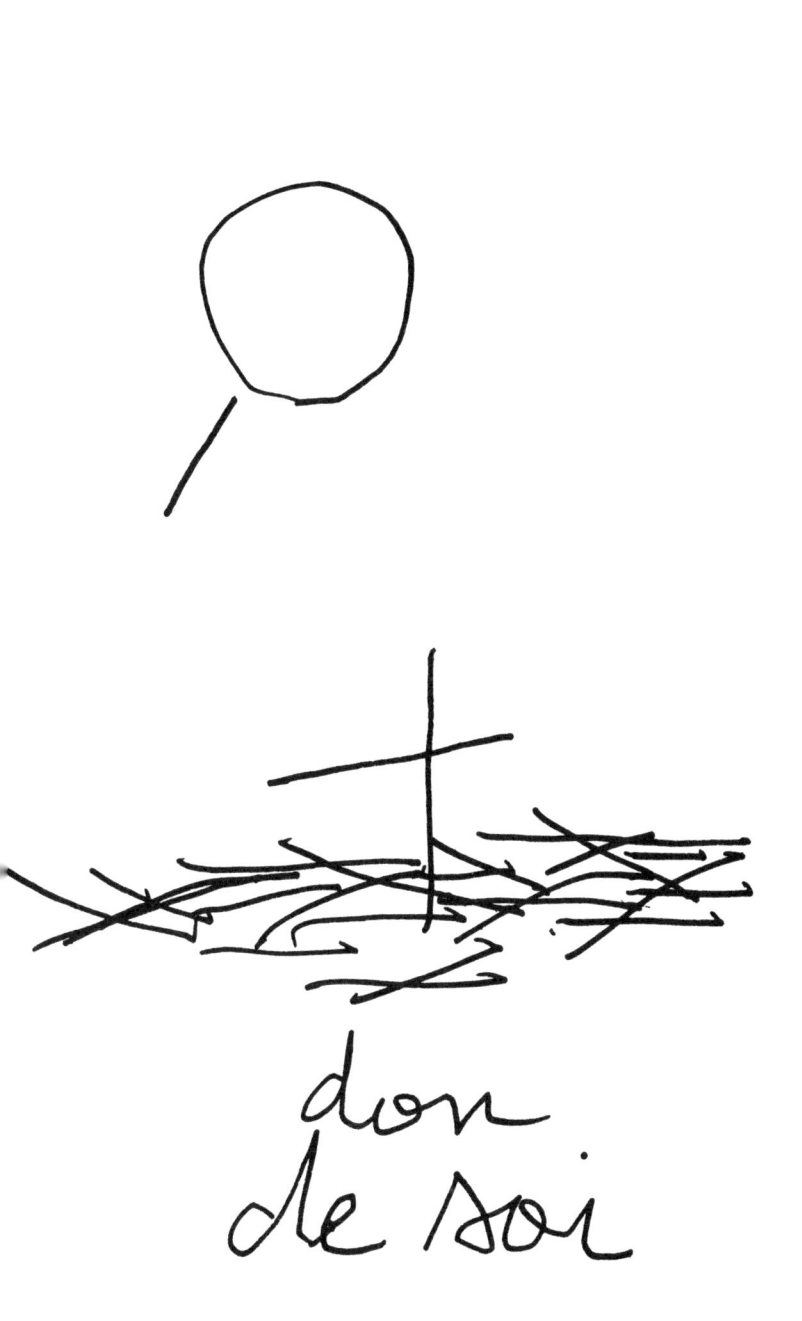

ceci
n'est pas
une
bite

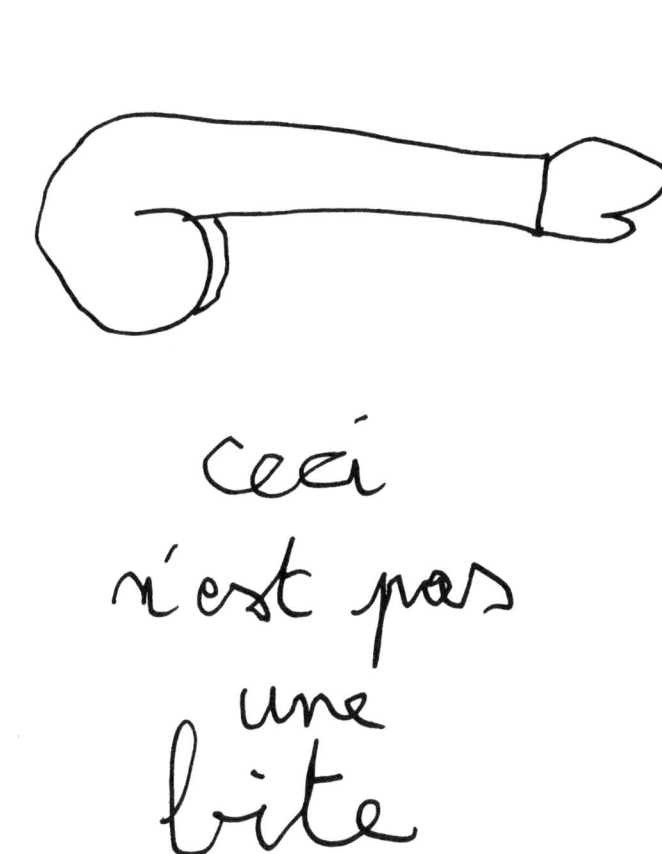

ceci est une bite

la route est longue

AMOUR

planter
les clous
à la mode de chez
nous

intégration

le pet la paix

l'origine du monde

sans
fin

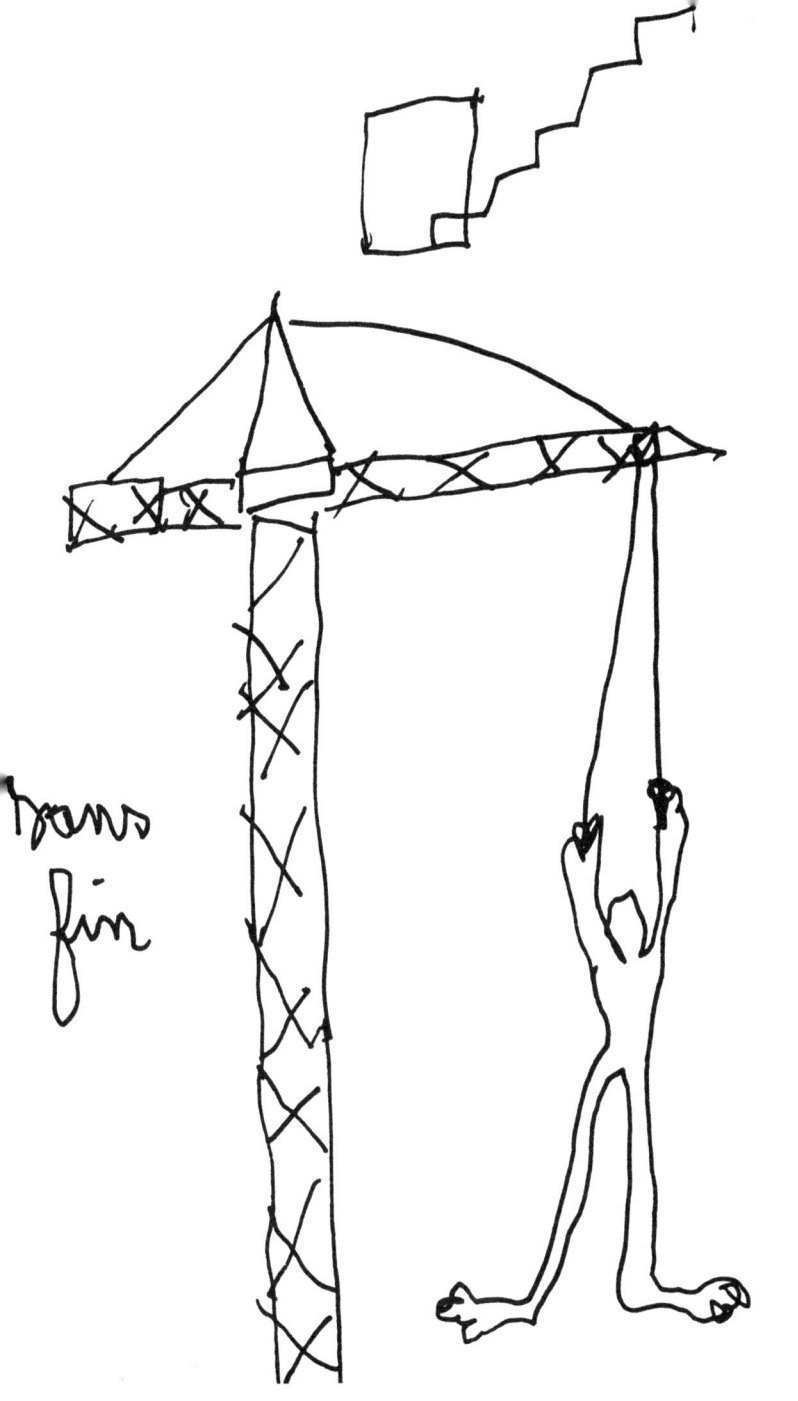

lorsqu'il sera question de donner des réponses

fuir mais sans les fleurs artificielles

se
faire
enfiler

la croisée
des 2 mondes

orpheline

protection des animaux

aux faucons
je préfère
les vrais

destin

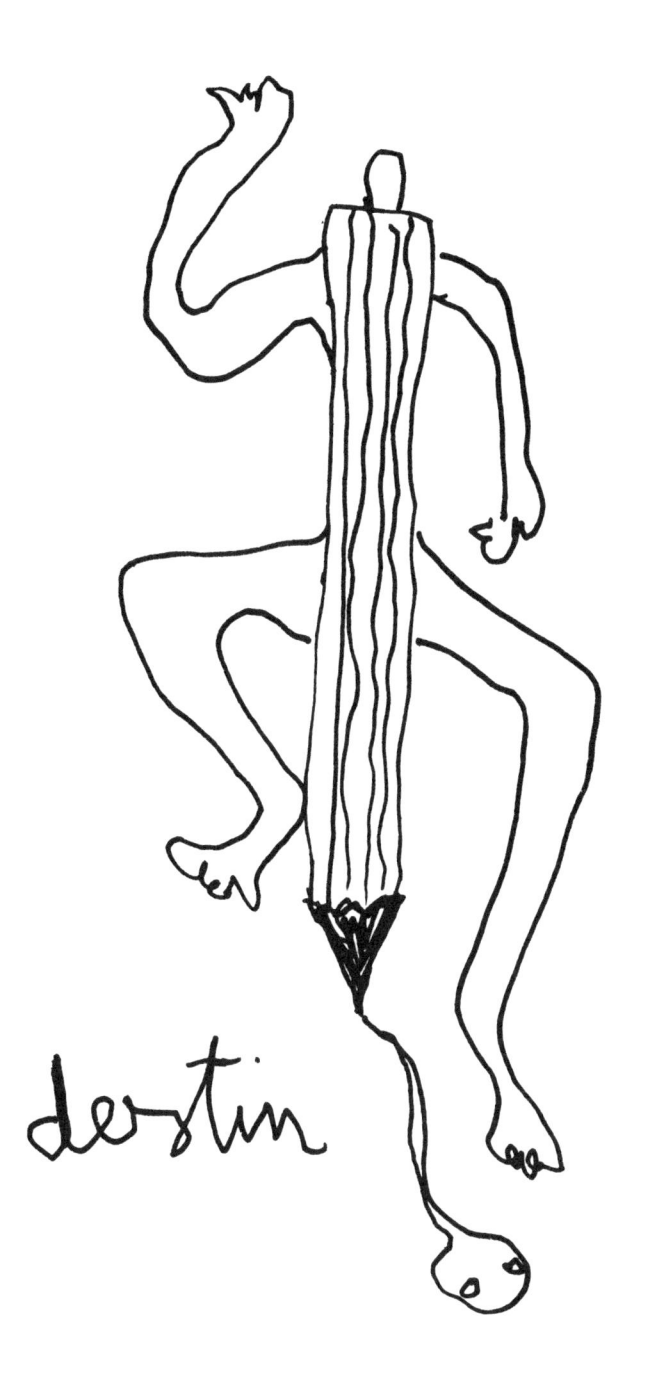

évolution

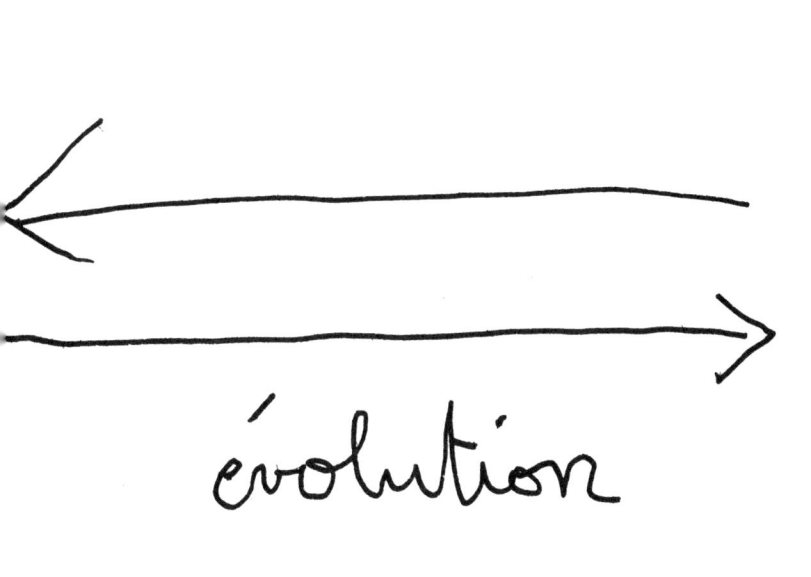

utopiste

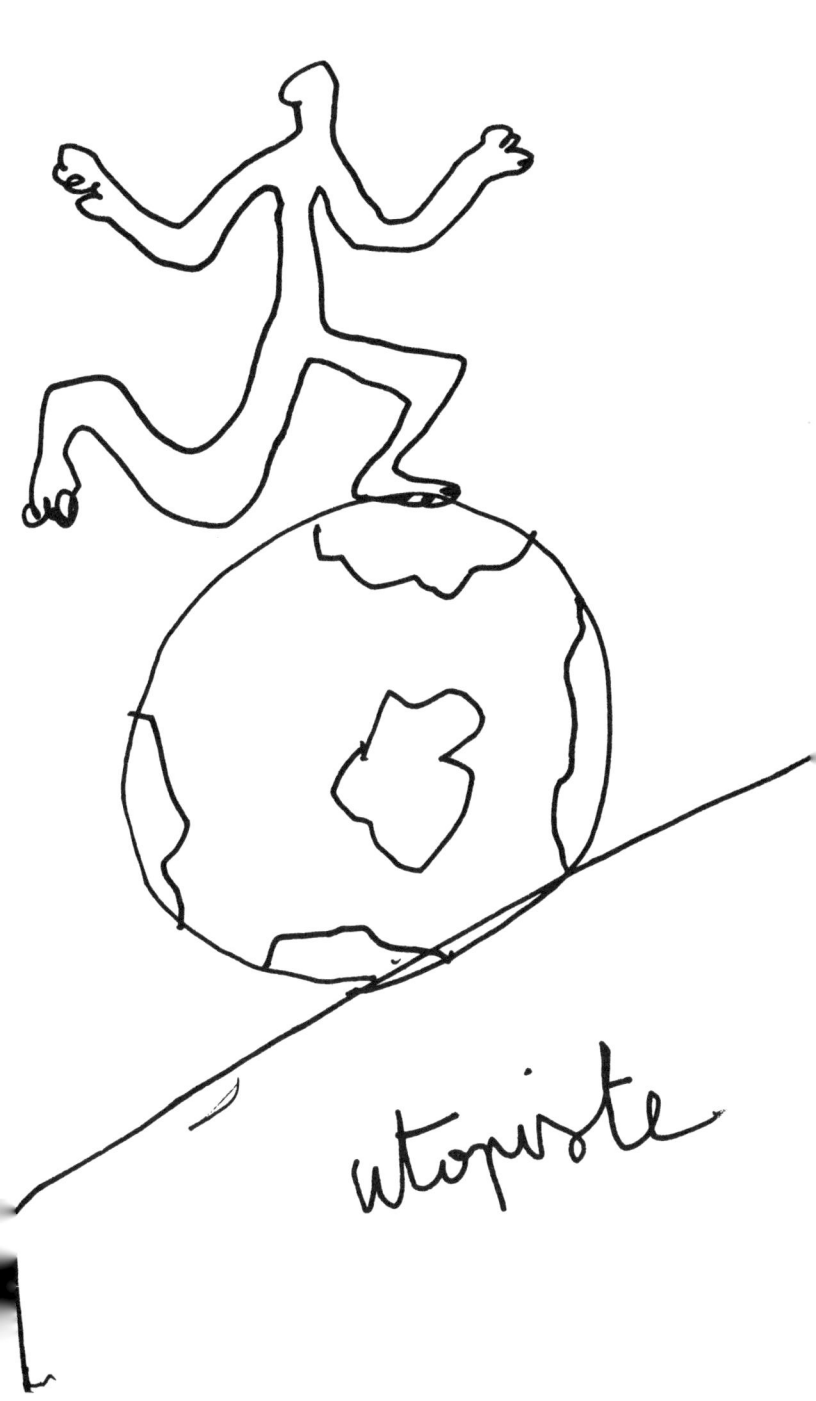

trompe
l'oeil

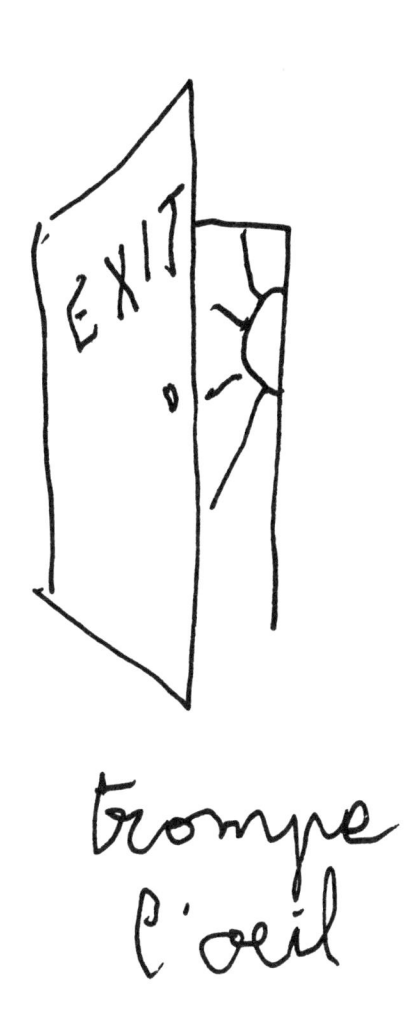

♡

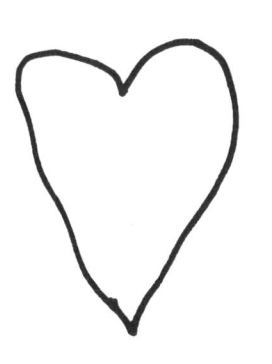

nous en sortirons
vingt cœurs
et peut-être
m'aiment des
millions

Photogravure : Bussière, Paris
Imprimeur : TBB, Slovaquie
Achevé d'imprimer en septembre 2017
Dépôt légal : octobre 2017